Rita Franck

Encaustic

– Wachsmalerei –

Kreativität in Farbe und Form

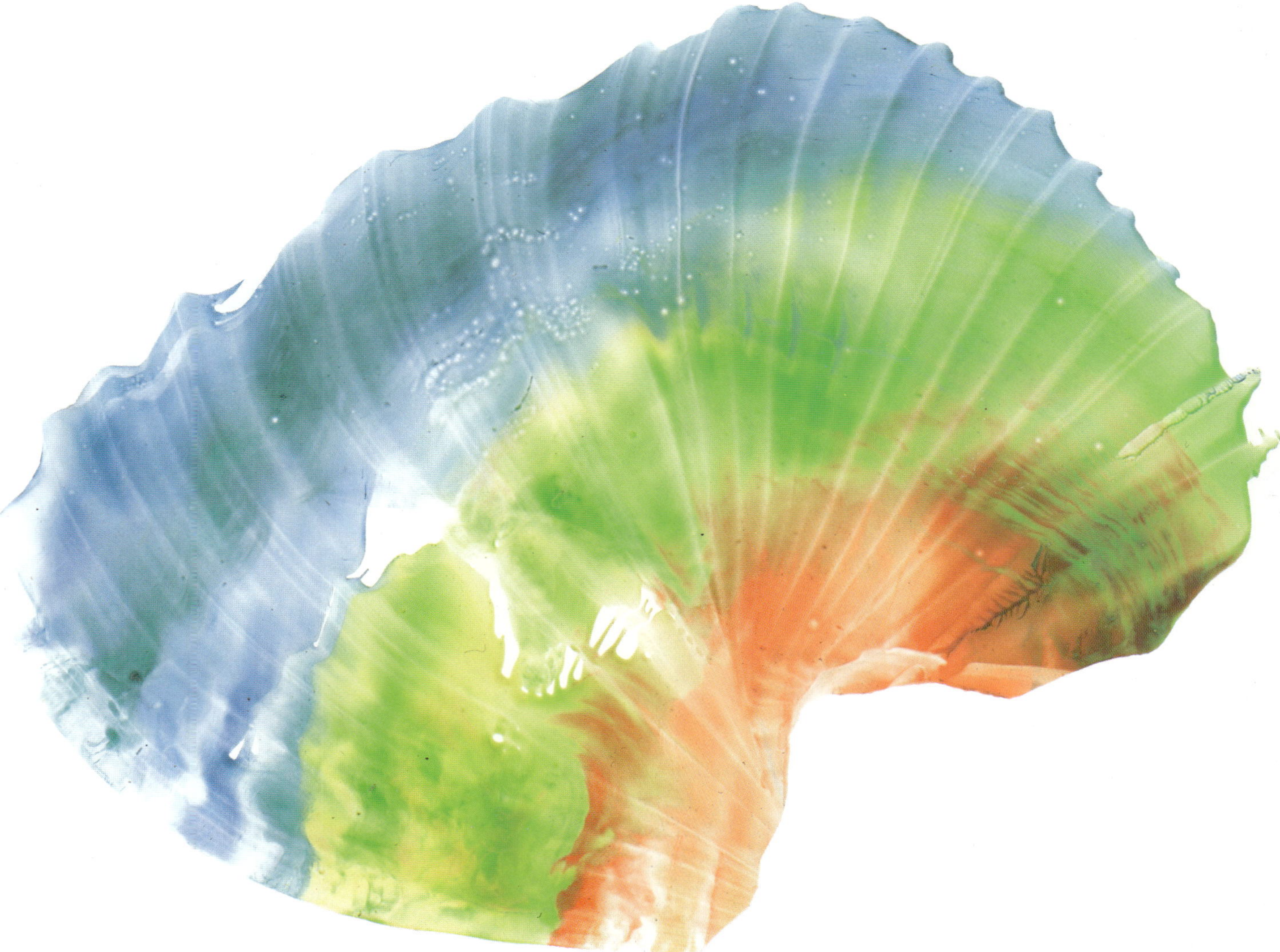

Frech-Verlag Stuttgart

Das oben abgebildete Encaustic Zubehör kommt aus dem Hause Hobbyring und ist im Hobbyfachhandel erhältlich.
Bei Fragen wenden Sie sich an HOBBYRING, ROBO Dr. Kußmaul GmbH, Neckarstraße 10, 72666 Neckartailfingen, Fax: (0 71 27) 2 16 80.

Auflage: 5. 4. | Letzte Zahlen maßgebend
Jahr: 1997 96

frech-verlag GmbH + Co. Druck KG, 70499 Stuttgart
ISBN 3-7724-1657-8 · Best.-Nr. 1657
Druck: Frech-Verlag GmbH + Co. Druck KG, 70499 Stuttgart

Liebe Leser,

Ich freue mich sehr, Sie mit diesem Büchlein in die zauberhafte Welt der Encaustic mit ihren leuchtenden Farben entführen zu dürfen. Diese uralte Maltechnik, bei der Wachsfarben heißflüssig auf den Malgrund aufgetragen werden, hatte ihre Blütezeit im antiken Griechenland: Die Künstler des Altertums schufen damit Bilder von einer nahezu unheimlichen Lebendigkeit. Die Licht- und Schattenwirkung und der tiefe Glanz der leuchtenden, satten Farben verliehen den Gemälden eine unvergleichliche Ausstrahlung. In der Vorstellung der Alten waren es die eigenen, materialisierten Gedanken, die mit Feuer unvergänglich auf Holz oder Elfenbein eingebrannt wurden (Griechisch „enkaustik“= Einbrenntechnik).

Die Künstler der Antike erhitzten ihre Malwerkzeuge über glühenden Kohlebecken, um die Wachsfarben flüssig auf Holz oder Elfenbein aufzutragen. Geheimnisvoll klingen die alten Rezepturen, nach denen sie das sagenumwobene ‚Punische Wachs‘ in Meerwasser kochten und den Einwirkungen von Sonne und Mond aussetzten. Alles, was wir heute über die große, antike Kunst, die Encaustic, wissen, stammt aus uralten schriftlichen Überlieferungen. Die einzigen gegenständlichen Zeugnisse sind die berühmten ägyptischen Mumienportraits, die uns dank der wunderbaren Wachsfarben und ihrer verblüffenden Haltbarkeit noch nach 2000 Jahren so frisch und farbenprächtig erhalten sind. Vieles aus der antiken Welt ist heute bis in Einzelheiten rekonstruiert und seines letzten Geheimnisses beraubt worden. Allein die Encaustic hat sich, allen Bemühungen zum Trotz, einen Hauch von Mystik bis in unsere heutige, technisierte Welt bewahrt.

Ich bin außerordentlich glücklich, daß in der Zeit eines nüchternen Rationalismus diese wunderbare, uralte Maltechnik jetzt neu erschlossen wurde und uns mit ihren geheimnisvoll leuchtenden, schimmernden Farben auf eine Reise in das unbekannte Land der Phantasie begleitet.

Ich wünsche Ihnen viel Freude mit diesem Buch und mit der Wachsmalerei!

Rita Franck

Encaustic Painting

Während früher ein Encaustic-Künstler seine Farben nach alten, geheimen Rezepturen auf langwierige und komplizierte Weise selbst herstellen mußte, gibt es heute neue, speziell für Encaustic Painting entwickelte Wachsfarben zu kaufen.

Die Firma Hobbyring hat nach langer Forschungsarbeit ein Encaustic Wachs entwickelt, das in seiner Art dem Wachs der Alten nahekommt.

Nach uralten, überlieferten Rezepten werden Farbpigmente mit reinem Bienenwachs gebunden. Diese Wachsfarben bestehen ganz und gar aus ungiftigen Bestandteilen, sie sind in ihrer Leuchtkraft und in ihren Farbnuancen einmalig und lassen sich wunderbar verarbeiten.
Alle in diesem Buch abgebildeten Encaustic-Bilder sind mit diesen Farben gemalt worden.

Glücklicherweise ist es heutzutage nicht mehr nötig, wie im antiken Griechenland ein glühendes Kohlebecken am Ort unseres künstlerischen Schaffens aufzustellen. Ein modernes, leicht zu handhabendes elektrisches Maleisen ermöglicht uns eine spielend einfache Anwendung des Encaustic Paintings. Diesem Gerät ist es auch zu verdanken, daß absolut keine künstlerischen Vorkenntnisse vorhanden sein müssen, um von heute auf morgen wunderschöne Bilder zu erschaffen. Jeder kann die Technik mit diesem Buch in wenigen Stunden erlernen.

Jeder, der mit Encaustic anfängt zu malen, ist fasziniert, mit welcher Leichtigkeit in kürzester Zeit kleine Kunstwerke entstehen, die durch ihre satten, leuchtenden Farben und ihren wunderschönen Glanz bestechen. Dieser Effekt rührt daher, daß das Licht bei den Wachsfarben nicht von einer stumpfen Oberfläche zurückgeworfen wird, sondern in sie eindringt und aus der Tiefe heraus seine geheimnisvolle Leuchtkraft enfaltet. Es genügt, das fertige Bild zum Abschluß mit einem weichen Lappen leicht zu polieren, um den dem Wachs eigentümlichen Schimmer zu erhalten.

Ein Encaustic-Bild benötigt keine zusätzliche Fixierung, die Farben vergilben nicht und dunkeln auch nicht nach.

Es gibt viele verschiedene Gestaltungsmöglichkeiten für das Encaustic Painting, wenn Sie die einfachen Grundtechniken beherrschen. Sie können nach Anregungen in diesem Buch arbeiten oder Ihre eigene Traumlandschaft kreieren. Besonders reizvoll kann es sein, sich von diesem neuen Malmedium führen zu lassen, ohne ein bestimmtes gestalterisches Ziel zu verfolgen. Sie werden staunen, welche Vielfalt von Formen und Strukturen entsteht, die ihre Phantasie anregt und jedem Encaustic-Bild eine vollkommen individuelle Aussage, eine ganz persönliche Note, verleiht. Encaustic Painting wird den Anfängern unter Ihnen von Beginn an Erfolgserlebnisse verschaffen und eröffnet den Fortgeschrittenen eine unermeßliche Vielfalt an neuen, künstlerischen Ausdrucksmöglichkeiten.

Die Grundausstattung

Sie sollten die folgenden Arbeitsmittel bereithalten:

Das Encaustic-Maleisen

Das Encaustic-Maleisen sieht wie ein kleines Bügeleisen aus, ist jedoch ein für diese Technik entwickeltes Gerät, das speziell abgedichtet ist und die erforderliche Schmelztemperatur für das Wachs konstant hält, wodurch die herrlichen Encaustic-Effekte entstehen.

Bitte verwenden Sie kein herkömmliches Bügeleisen. Wenn flüssiges Wachs ins Innere dringt, kann es zu einem Kurzschluß kommen. Schlimmstenfalls kann die Bügelfläche plötzlich unter Strom stehen!

Encaustic-Wachsfarben

Die speziell entwickelte Wachs-Pigment-Mischung auf der Basis von reinem Bienenwachs sorgt für optimales Fließen und die Brillanz der Farben. Encaustic Wachsfarben gibt es in 27 verschiedenen Standardfarbtönen und 24 Sonderfarben, die alle untereinander mischbar sind.

Encaustic Malkarten

Ein speziell verdichtetes Papier in den Größen DIN A6-A2, das den Fließeffekt der flüssigen Wachsfarben unterstützt.

Das Encaustic Schabewerkzeug

Mit diesem Malutensil können Sie den weißen Untergrund der Malkarte freilegen.

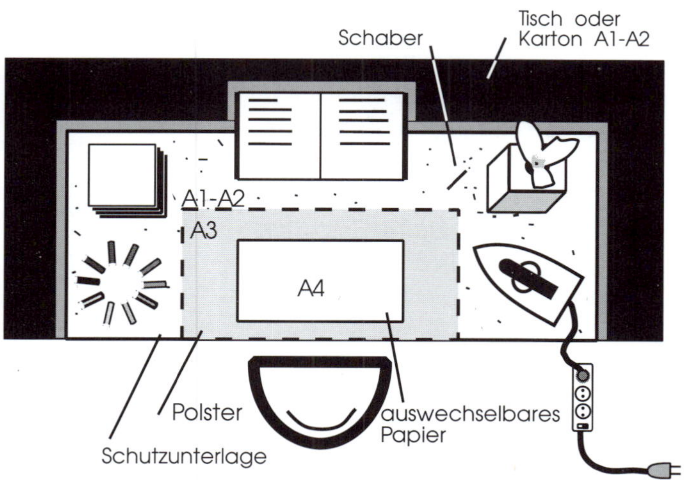

Die Vorbereitung des Arbeitsplatzes

Ein gut vorbereiteter und ausreichend großer Arbeitsplatz gehört zur Grundvoraussetzung, wenn Sie mit Encaustic Painting beginnen wollen.

Als Hilfsmittel benötigen Sie:
- 1 Karton in DIN A3-Größe oder Zeitungspapier
- 1 großes Stück unbedrucktes Papier (z. B. Packpapier, Größe Din A2-DIN A1)
- sauberes, unbedrucktes Papier Din A4
- 1 Box saugfähige Haushalts-Papiertücher (Tissues)
- Steckdose mit Verlängerungsschnur
- Klebeband

Organisieren Sie Ihren Arbeitsplatz wie in der Skizze gezeigt, es wird Ihnen das Malen erleichtern.

Zu Ihrer Sicherheit

Bitte legen Sie alle elektrisch beheizten Malwerkzeuge stets auf einer feuerfesten Unterlage ab und lassen Sie sie nicht unbeaufsichtigt an.

Atmen Sie die bei der heißen Verarbeitung des Wachses entstehenden Dämpfe nicht unmittelbar ein.
Es ist zwar ein natürliches, ungiftiges Wachs, aber die Dämpfe schlagen sich, wie alle Wachsdämpfe, auf die Lunge, und es kann bei sehr sensiblen Personen vorübergehend zu einem Kratzen im Hals oder ähnlichen Mißempfindungen kommen.

Bitte rauchen Sie nicht beim Malen. Die Dämpfe des Bienenwachses zersetzen sich in Verbindung mit der heißen Zigarettenglut und wirken sich schädlich auf Ihre Gesundheit aus.

Wenn Sie heißes Wachs auf die Hand bekommen, lassen Sie es erkalten und ziehen es dann ab.
Es ist vollkommen ungefährlich, da es sich um reines Naturwachs handelt.

So, und jetzt kann es endlich praktisch losgehen!

Die Maleisentechnik

Wenn Sie mit Encaustic Painting beginnen, tun Sie sich bitte selbst den Gefallen und nehmen Sie sich genügend Zeit, um die vier Grundtechniken mit dem Maleisen zu erlernen. Ich empfehle Ihnen mindestens 2 Stunden ungestörtes Arbeiten, mehr Zeit wäre wunderbar, ist aber nach meinen Erfahrungen nicht unbedingt nötig. Das Schöne an diesem Hobby sind ja unter anderem auch die schnellen Erfolgserlebnisse.

Beherrschen Sie diese vier Grundeffekte erst einmal, verfügen Sie schon über erstaunlich viele, nahezu unendliche Möglichkeiten der Gestaltung.

Stecken Sie den Stecker des Maleisens in die Steckdose, die Einstellung des Regelknopfes sollte auf etwa 1,7 stehen. Der Fortgeschrittene arbeitet mit einer Temperatur bis 1,9. Nach etwa einer Minute ist das Maleisen dann betriebsbereit, und Sie können mit dem Erlernen der Grundtechniken beginnen.

Beginnen Sie mit der kleinsten Malkartengröße: DIN A6.

Die vier Grundeffekte

1. Der Wischeffekt

Halten Sie das Maleisen waagerecht mit der Malfläche nach oben. Nehmen Sie eine dunkle Wachsfarbe, z.B. Grün, und schmelzen Sie diese auf der Maleisenfläche. Das flüssige Wachs sollte eine dickliche, ölige Konsistenz haben und bei senkrechter Haltung des Eisens an der Bodenfläche herunterlaufen. Eine zu wäßrige Konsistenz weist auf eine zu hohe Temperatur hin; bleibt das Wachs aber zäh und schmilzt nur mit Mühe, ist die Maleisentemperatur zu niedrig eingestellt.
In beiden Fällen regeln Sie die Temperatur bitte vorsichtig nach.

Haben Sie die richtige Arbeitstemperatur gefunden, schmelzen Sie Wachs auf die Maleisenfläche (siehe Abbildung).

Bild 1

Seien Sie mit der Wachsmenge großzügig, der Effekt gelingt um so besser. Drehen Sie nun das Eisen herum und führen Sie es ganz leicht, ohne jeglichen Druck, langsam und in einem Zug über die Malkarte.
Je ruhiger Sie das Maleisen führen, um so gleichmäßiger wird Ihr Farbverlauf.

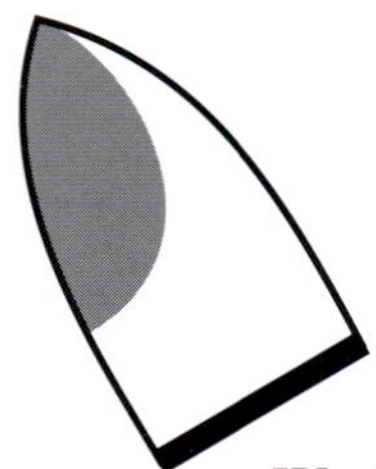

Wachsauftrag

Nehmen Sie eine neue Malkarte, schmelzen Sie erneut Wachs auf die Malfläche des Eisens und gleiten Sie langsam, vor und zurück, in einer sanft geschwungenen Zickzacklinie über die Malkarte. Orientieren Sie sich an der nebenstehenden Abbildung. Heben Sie das Maleisen nicht zwischendurch an, das würde einen anderen Effekt ergeben. Ihr Resultat sollte ähnlich wie Bild 2 aussehen.

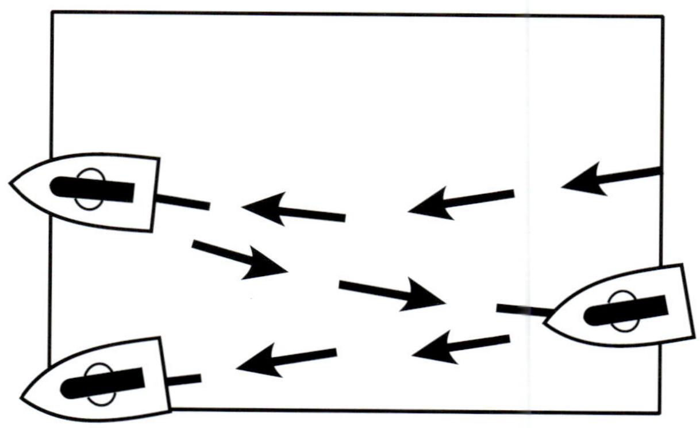

Wiederholen Sie diese Übung einige Male, bis Sie sich sicher fühlen, und gehen Sie dann zum Erlernen des nächsten Effekts über.

Zwischendurch reinigen Sie immer wieder das Maleisen gründlich mit Papiertüchern. Gerade an den Seiten und an der hinteren Kante sammeln sich oft Wachsreste, die dicke Kleckse verursachen.

Etwas auf die Malfläche aufgetragenes Klarwachs erleichtert das Reinigen. Wachsflecke in Kleidungsstücken gehen nach meiner Erfahrung nur in der chemischen Reinigung heraus, da die Farbpigmente sehr stark sind.

Bild 2

2. Der Saugeffekt

Dieser Effekt ist mein Lieblingseffekt, man kann mit ihm wunderbar frei gestalten.

Nehmen Sie eine neue Malkarte und schmelzen Sie Wachs auf die gesamte Maleisenfläche.

Drehen Sie das Eisen herum und setzen Sie es in der Mitte der Karte direkt von oben kommend auf. Halten Sie die Malkarte leicht fest und ziehen Sie das Eisen abrupt wieder hoch. Es entsteht ein schöner „Saug-Effekt".

Verändern Sie die Position des Maleisens nur ein wenig und setzen Sie es wieder auf. Dann kippen Sie es zu einer Seite weg, und Sie erhalten einen ähnlichen Effekt. Wiederholen Sie das Wegkippen und Hochziehen ein paarmal, ohne erneut Wachs aufzuschmelzen.

Sie werden hierbei schnell lernen, welchen Einfluß die vorhandene Wachsmenge auf das Ergebnis der Struktur hat.

Wenn Sie die Malkarte, wie auf Bild 3 gezeigt, in die Hand nehmen und beim Auftupfen mit dem Maleisen etwas zurückbiegen, können Sie vermeiden, daß die Kante des Eisens abgebildet wird.

Bild 3

Reinigen Sie die Seiten Ihres Maleisens besonders gründlich, bevor Sie mit dem Üben des nächsten Effektes beginnen!

3. Der Graseffekt

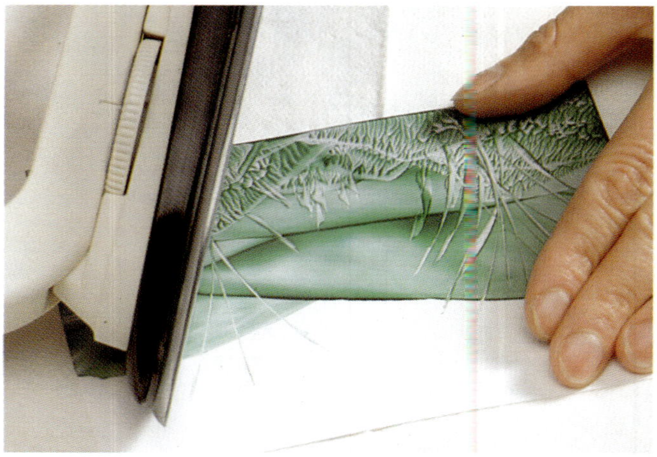

Gleiten Sie mit der Außenkante des Maleisens durch die Wachsfläche, dann erhalten Sie Linien, die wie Gräser wirken.

Finden Sie heraus, an welcher Stelle der Außenkante Sie das Maleisen aufsetzen müssen, weiter vorne oder weiter hinten, um schwungvolle gebogene oder eher gerade Linien zu erhalten.

Durch seitliches Abgleiten entstehen breitere Linien. Probieren Sie es aus, damit Sie ein Gefühl dafür bekommen.

Wenn nicht genügend Wachs auf der Malkarte ist, um einen schönen Graseffekt zu erhalten, tragen Sie einfach (wenig!) neue Wachsfarbe direkt auf die Maleisenkante auf.

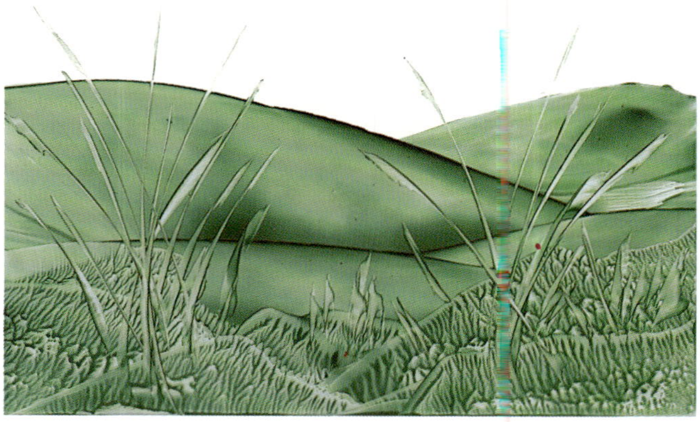

4. Der Vogeleffekt Punkte und feine Striche

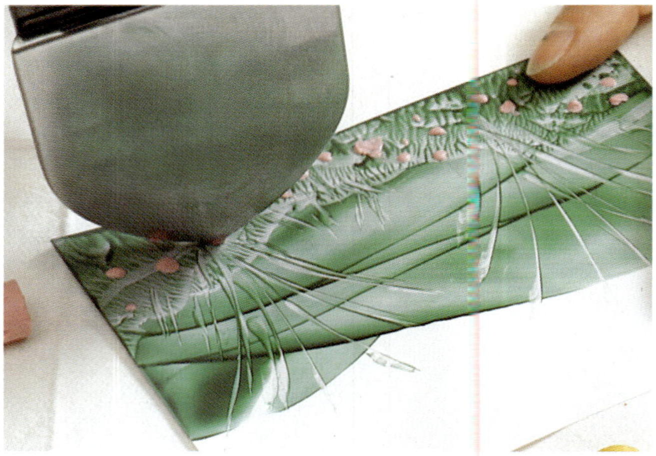

Für den letzten Grundeffekt benutzen Sie die Spitze des Maleisens, um feinste Details zur Vollendung Ihres kleinen Kunstwerkes zu erhalten.

Das Maleisen ist bei dieser Technik einfacher und kontrollierter zu handhaben, wenn Sie es von vorne halten .

Stupsen Sie die Spitze direkt in einen Wachsstift und nehmen Sie eine kleine Menge Wachs auf. Üben Sie Punkte, Striche, Kreise und was Ihnen sonst noch einfällt.

Den Vogeleffekt erhalten Sie dadurch, daß Sie die wachsbedeckte Spitze des Maleisens auf die Malkarte aufsetzen und mit einem leichten Ruck nach rechts wegziehen. Setzen Sie an derselben Stelle erneut an, und ziehen Sie das Maleisen mit kurzem Ruck nach links weg.

Achtung: wenn die Kanten Ihres Maleisens nicht vollkommen sauber sind, gibt es dicke Kleckse!

Und so entstehen die schönen Fingerhütchen:
Nehmen Sie Wachsfarbe mit der Spitze des Maleisens auf und hängen Sie dann jeden Wachstropfen einzeln an einen Grashalm. Beginnen Sie am unteren Ende des Halmes und lassen Sie nach oben hin die Tröpfchen immer kleiner werden.

Wir kreieren eine Landschaft mit zwei Farben

Mit den vier Grundeffekten haben Sie alle Voraussetzungen erlernt, um ein Landschaftsbild zu malen.

Beim nächsten Schritt werden diese Techniken kombiniert angewandt, und um die Spannung zu erhöhen, wird mit einer zusätzlichen Farbe gearbeitet!

Als Grundtechnik für eine schöne Hügellandschaft benutzen Sie den Wischeffekt. Schmelzen Sie grüne Wachsfarbe, wie in der Abbildung gezeigt, auf die Maleisenfläche, und einen schmalen Streifen am äußeren Rand mit Rotbraun oder Ockergelb.

Beginnen Sie am rechten oberen Rand Ihrer Malkarte und gleiten Sie mit dem Maleisen leicht über den linken Kartenrand hinaus. Gleiten Sie rückwärts zurück und vollenden Sie Ihre Hügelkette mit der schon gelernten, sanft geschwungenen Zickzacklinie.

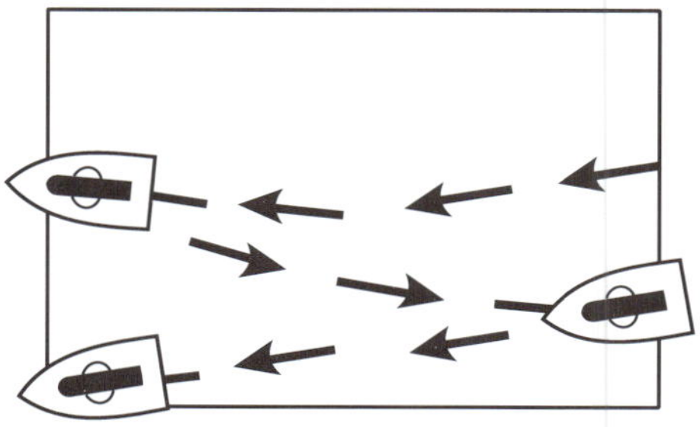

Beobachten Sie, wie sich die Farben mischen und wie dadurch noch mehr Tiefe und Plastizität entsteht.

Um eine lebhafte Vegetation zu erhalten, benutzen Sie jetzt den Saugeffekt. Setzen Sie das Maleisen auf die untere Hälfte der frischen Wachsfläche, parallel zum Kartenrand, und kippen Sie es zu sich her. Fahren Sie jetzt mit der Kante durch die Vegetation, über die Hügelkette hinaus, auf diese Weise erhalten Sie Gräser und Sträucher.

Schließlich vollenden Sie Ihre kleine Hügellandschaft, indem Sie als I-Tüpfelchen mit der Spitze des Eisens einen Vogel malen.

Polieren Sie Ihre fertigen Bilder sanft mit einem weichen Lappen.

So malen Sie Steine:
Setzen Sie das Maleisen nur mit dem vorderen Teil der Malfläche in die Vegetation und schieben Sie es mit einer kleinen bogenförmigen Bewegung ein Stück nach rechts. Sie erhalten eine hellere Fläche, die wie ein Stein wirkt. Tupfen Sie mit dem Saugeffekt etwas Wachsfarbe über den Steinansatz. Sie betten ihn auf diese Weise harmonisch in die Landschaft ein.

Der Himmel

Reinigen Sie jetzt Ihr Maleisen besonders gründlich mit Klarwachs, denn für den Himmel benötigen Sie die Farbe Weiß.
Legen Sie eine Malkarte hochkant vor sich hin. Schmelzen Sie weißes Wachs auf und fügen Sie einen Klecks in Rosa und Blau oder Lila hinzu.
Beachten Sie bitte, daß Sie für den Himmel die andere Seite der Maleisenfläche benutzen, nicht dieselbe wie bei der Landschaft! Gleiten Sie jetzt mit dem Eisen, ohne Druck auszuüben, leicht und ruhig entlang der Außenkante der Malkarte, gleiten Sie nochmals über den entstandenen Himmel, wenn Ihnen der Farbverlauf noch nicht gefällt. Bitte achten Sie darauf, keinerlei Druck anzuwenden, da Sie das Wachs sonst wieder von der Karte herunterziehen.
Heben Sie das Maleisen beim Verstreichen etwas an, so erhält der Himmel mehr Struktur und bekommt ein bewölktes Aussehen. Wenn Sie einige Male gestrichen haben, ist eventuell kein Wachs mehr auf der Karte. In diesem Fall tragen Sie erneut Wachs auf und verstreichen es in gleicher Weise.
Fügen Sie eine Hügelkette hinzu, Vegetation, Gräser und Vögel.
Und das Polieren nicht vergessen! Reiben Sie immer von der hellen zur dunklen Fläche.

Ein leicht bewegtes Meer wie auf dem rechts abgebildeten Urlaubstraum erhalten Sie, indem Sie unterhalb des Himmels in Wellenlinien über die Malkarte gleiten. Führen Sie das Maleisen von rechts nach links und rückwärts von links nach rechts über das Blatt, bis sich fast kein Wachs mehr auf der Maleisenfläche befindet und ein reizvoller, streifiger Effekt entsteht. Die Palmen wurden mit der Außenkante des Maleisens gemalt. Wenn Sie dieses Buch bis hierher sorgfältig durchgearbeitet haben und Ihre ersten Landschaftsbilder vor Ihnen liegen, werden Sie deutlich sehen, welchen Fortschritt Sie innerhalb kürzester Zeit gemacht haben. Jetzt können Sie allein weiterarbeiten und Ihr eigenes kreatives Potential entdecken. Abschließend möchte ich Ihnen noch ein paar Tips für Ihr weiteres Vorgehen geben.

Seien Sie mutig, experimentieren Sie mit anderen und zusätzlichen Farben. Sie werden dabei lernen, welche Farben Sie gut gemeinsam verwenden können und welche lieber nicht.
Probieren Sie auch einmal aus, welcher Effekt entsteht, wenn Sie vor der Anwendung des Saugeffekts für die Vegetation eine zusätzliche Farbe aufschmelzen.
Lassen Sie die Farben des Himmels sich in der Landschaft spiegeln, das gibt einen harmonischeren Gesamteindruck. Durch bunte Tupfer können Sie mit der Maleisenspitze die Vegetation zum Blühen bringen.

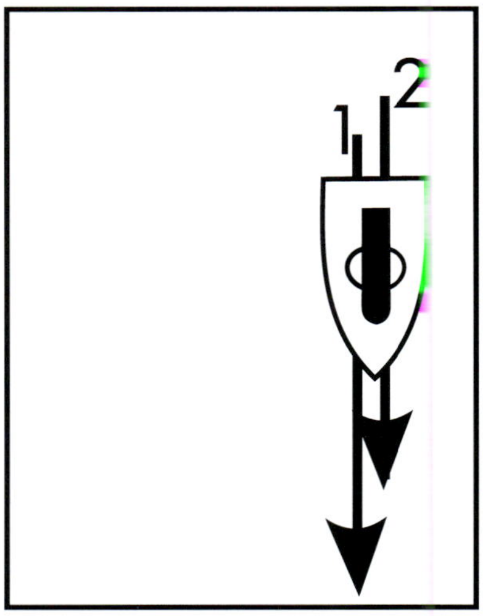

Warum muß ein Himmel blau und eine Hügelkette grünbraun sein? Schaffen Sie Ihre eigene Traumlandschaft!

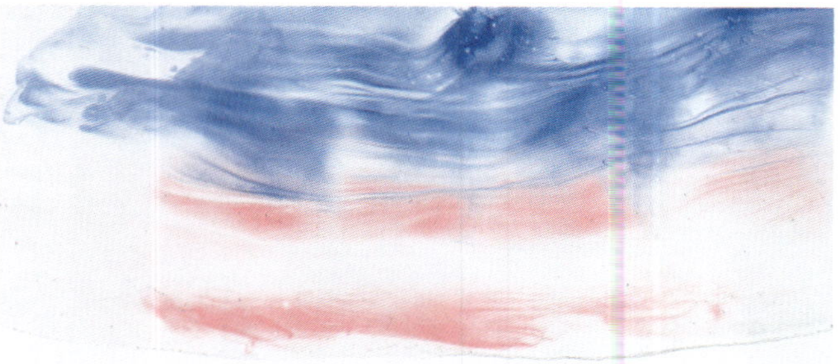

Christian hat Geburtstag

Damit sein Geburtstag ein richtig farbenfrohes Fest wird, hat er mit seiner Mama knallbunte Tischkärtchen, süße Mini-Lampions und tolle Kronen für sich und seine kleinen Gäste gebastelt.

Für die Tischkärtchen wurden A6-Malkarten bunt bemalt, gefaltet und die Namen mit Klebeetiketten daraufgeklebt.

Malschule *Encaustic painting*

Im folgenden erhalten Sie eine Einführung in Encaustic Painting, die Erfahrungen in dieser Maltechnik vermittelt und viele Tips enthält.

Als Grundausstattung benötigen Sie:
1. Encaustic Maleisen
2. Encaustic Wachsfarben
3. Encaustic Malkarten
4. Encaustic Schabewerkzeug

Die Vorbereitung des Arbeitsplatzes:
Ein gut vorbereiteter und ausreichend großer Arbeitsplatz gehört zur Grundvoraussetzung, wenn Sie mit Encaustic Painting beginnen wollen.
Als Hilfsmittel benötigen Sie:
- 1 Karton in DIN A3-Größe oder Zeitungspapier
- 1 großes Stück unbedrucktes Papier (z.B. Packpapier, Größe Din A2)
- sauberes, unbedrucktes Papier Din A4
- 1 Box saugfähige Haushalts-Papiertücher (Tissues)
- Steckdose mit Verlängerungsschnur
- Klebeband

Bauen Sie Ihren Arbeitsplatz wie folgt auf:
Legen Sie den Karton (DIN A3) in die Mitte Ihres Arbeitsplatzes. Sie können auch ein paar Lagen Zeitungspapier nehmen (der Untergrund sollte etwas elastisch sein). Fixieren Sie den Karton mit Klebestreifen auf der Arbeitsfläche. Jetzt legen Sie das große Stück Papier über die gesamte Arbeitsfläche und fixieren es ebenfalls mit Klebestreifen. In die Mitte Ihres Arbeitsplatzes legen Sie ein DIN A4-Blatt sauberes Papier und auf dieses Papier eine von Ihren kleinen Malkarten DIN A6.
Bauen Sie Wachsfarben, Maleisen, Malkarten, Papiertücher und Malanleitung so auf wie in der Skizze gezeigt.
Ein gut geordneter Arbeitsplatz erleichtert den Anfang sehr.

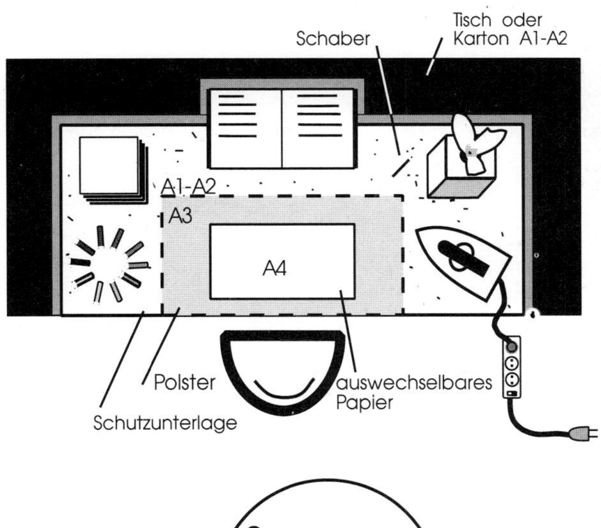

Tip:
Ich habe beim Malen grundsätzlich noch eine Rolle saugfähiges Toilettenpapier griffbereit, von der ich ein paar Doppelblätter rechts neben mich lege und damit das Eisen nach jedem Malgang abstreife.
Zusätzlich säubere ich die Malfläche mit Tissues (aber nicht jedesmal), und ab und zu mit Klarwachs.

Jetzt geht es endlich los!
Stecken Sie den Stecker des Maleisens in die Steckdose, die Einstellung des Regelknopfes sollte auf etwa 1,7 stehen. Der Fortgeschrittene arbeitet mit einer Temperatur bis 1,9. Nach etwa einer Minute ist das Maleisen dann betriebsbereit und Sie können mit dem Erlernen der Grundtechniken beginnen. Beginnen Sie mit der kleinsten Malkartengröße: DIN A6.

Die vier Grundeffekte

1. Der Wischeffekt

Halten Sie das Maleisen waagerecht mit der Malfläche nach oben. Nehmen Sie einen dunklen Wachsstift, z.B. Blau, und schmelzen Sie ihn auf der Maleisenfläche. Das flüssige Wachs sollte eine ölige Konsistenz haben und bei senkrechter Haltung des Eisens an der Bodenfläche herunterlaufen. Bleibt das Wachs zäh, ist die Maleisentemperatur zu niedrig eingestellt. Eine zu wäßrige Konsistenz oder gar Dampfentwicklung weist auf eine zu hohe Temperatur hin. In beiden Fällen regeln Sie die Temperatur bitte vorsichtig nach. Haben Sie die richtige Arbeitstemperatur gefunden, schmelzen Sie Wachs, wie in der Skizze gezeigt, auf die Maleisenfläche.

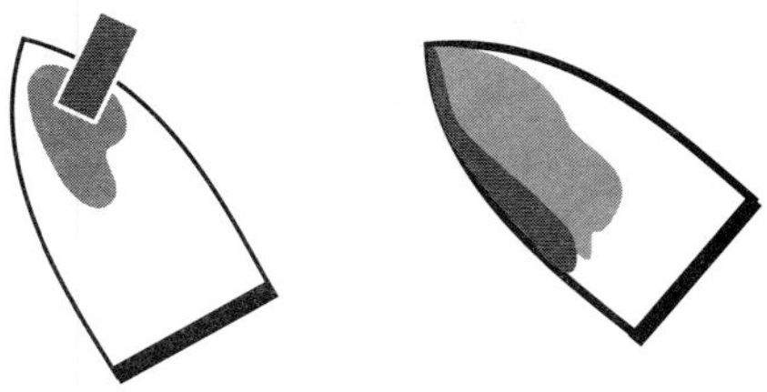

Tip: Seien Sie mit der Wachsmenge großzügig, der Effekt gelingt um so bessser, wenn Sie eine etwas größere Fläche als im Diagramm gezeigt mit Wachs bedecken. Drehen Sie nun das Eisen herum und führen Sie es ganz leicht, ohne jeglichen Druck, langsam und in einem Zug über die Malkarte. Je ruhiger Sie das Maleisen führen, um so gleichmäßiger wird Ihr Farbverlauf.

Mögliche Fehler:

1. Das Wachs bedeckt nicht die ganze Malkarte, d.h. Sie haben nicht genügend Wachs aufgeschmolzen.
2. Der Farbverlauf ist streifig geworden, d.h. Sie haben zu starken Druck ausgeübt oder ebenfalls zu wenig Wachs aufgeschmolzen.

2. Der Hügeleffekt

Nehmen Sie eine neue Malkarte, schmelzen Sie erneut Wachs auf die Malfläche des Eisens und gleiten Sie langsam, in einer sanft geschwungenen Linie, von rechts nach links über die Malkarte, wobei die hintere Hälfte des Eisens in Kontakt mit der Karte bleibt, damit Sie, ohne das Maleisen abzuheben, gleich rückwärts in einer ebenfalls geschwungenen Linie zurückgleiten können. Diesmal bleibt der vordere Teil des Maleisens auf der Karte, und Sie gleiten noch einmal von rechts in geschwungener Linie in Richtung der linken unteren Ecke. Im Grunde wedelt man mit dem Hinterteil des Maleisens wie beim Skifahren. Heben Sie das Eisen nicht an, wenn noch ein Teil der Malfläche die Karte berührt, das würde einen anderen Effekt ergeben. Orientieren Sie sich am Diagramm. Ihr Resultat sollte ähnlich wie nebenstehende Abbildung aussehen.
Anfangs ist dieser Hügeleffekt nicht ganz einfach, wiederholen Sie diese Übung einige Male mit verschiedenen Wachsfarben, bis Sie sich sicherer fühlen, und gehen Sie dann zum Erlernen des nächsten Effekts über.

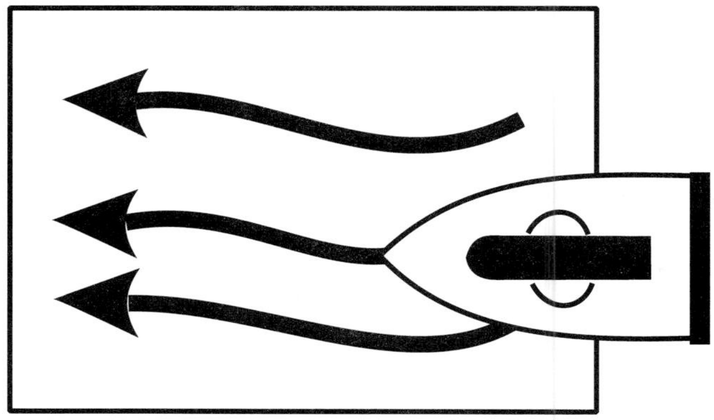

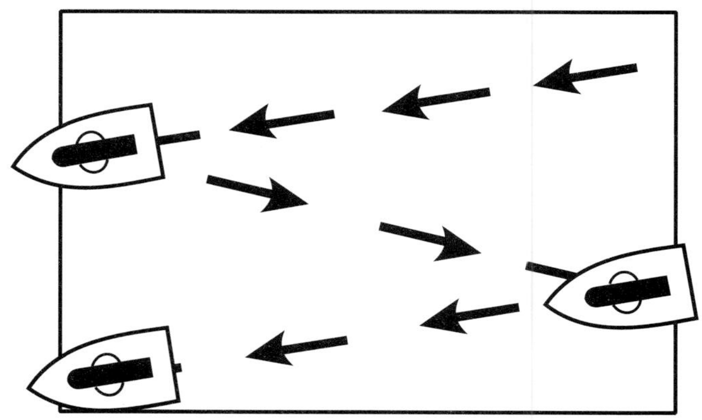

Mögliche Fehler: Sie können dieselben Fehler wie beim Wischeffekt machen. Es passiert beim Hügeleffekt noch leichter, daß zu wenig Wachs aufgetragen wird.

Zwischendurch reinigen Sie immer wieder das Maleisen gründlich mit Papiertüchern. Gerade an den Seiten und an der hinteren Kante sammeln sich oft Wachsreste, die dicke Kleckse verursachen. Etwas auf die Malfläche aufgetragenes Klarwachs erleichtert das Reinigen.

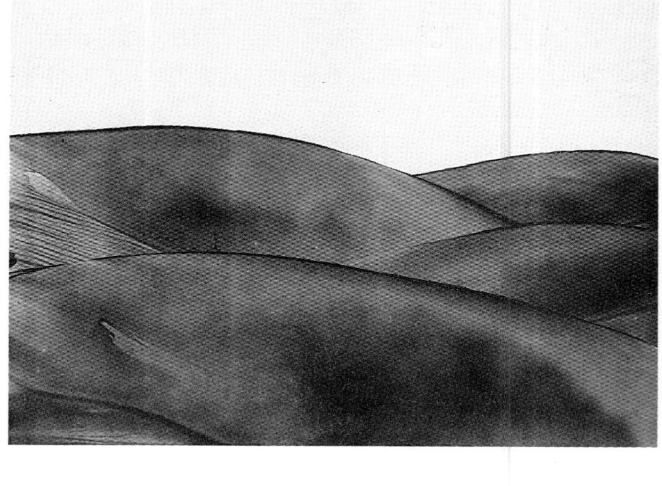

2. Der Saugeffekt

Nehmen Sie eine neue Malkarte und schmelzen Sie Wachs auf die gesamte Maleisenfläche. Drehen Sie das Eisen herum und setzen Sie es in der Mitte der Karte direkt von oben kommend auf. Halten Sie die Malkarte leicht fest und ziehen Sie das Eisen abrupt wieder hoch. Es entsteht ein schöner „Saug-Effekt". Verändern Sie die Position des Maleisens ein wenig und setzen Sie es wieder auf, kippen Sie es diesmal zu einer Seite weg, und Sie erhalten wieder den Saugeffekt.

Wiederholen Sie das Wegkippen und Hochziehen ein paarmal, ohne erneut Wachs aufzuschmelzen. Sie werden hierbei schnell lernen, welchen Einfluß die vorhandene Wachsmenge auf das Ergebnis der Struktur hat. Sie wird um so feiner, je weniger Wachs auf der Malkarte ist.

Tip: Probieren Sie den Saugeffekt mit verschiedenen Farben übereinander aus. Führen Sie den Saugeffekt zuerst mit Blau aus, dann reinigen Sie das Maleisen und verteilen Rotviolett und Gelb auf der Malfläche.

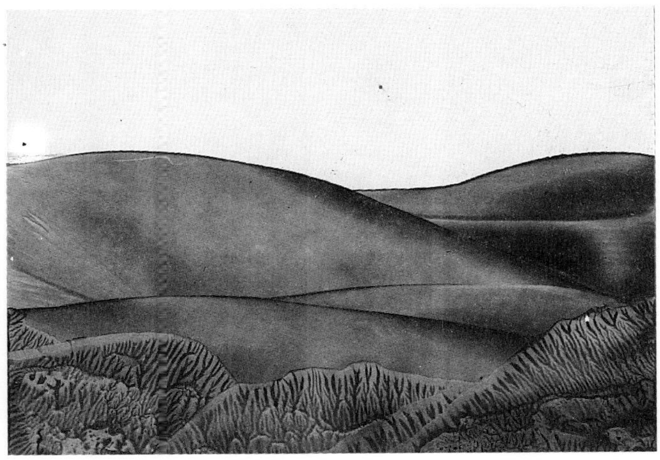

Tragen Sie die beiden Farben in Tupfen nebeneinander auf der Malfläche auf. Sie brauchen auch nicht jedesmal die gesamte Fläche zu bedecken. Probieren Sie noch mehr Farben und Möglichkeiten des Farbauftrags. Auf diese Weise lernen Sie die Wachsfarben kennen und sehen, welche sich gut zusammen verwenden lassen.

Mögliche Fehler:

1. Die Strukturen sind zu schwach, d.h. es war zu wenig Wachs auf der Malkarte, oder der Wachsauftrag auf dem Maleisen war nicht ausreichend.
2. Wenn Sie zu viele Wachsfarben aufgetragen haben, die nicht gut miteinander harmonieren, sieht Ihr Ergebnis meist trüb und schmutzigbraun aus.

Tip: Wenn Sie die Malkarte in die Hand nehmen und beim Auftupfen mit dem Maleisen etwas zurückbiegen, können Sie vermeiden, daß die Kante des Eisens abgebildet wird.

Reinigen Sie die Kanten Ihres Maleisens besonders gründlich, bevor Sie mit dem Graseffekt beginnen!

3. Der Graseffekt

Gleiten Sie mit der Außenkante des Maleisens zügig durch die Wachsfläche. Sie erhalten Linien, die wie Gräser wirken. Finden Sie heraus, an welcher Stelle der Außenkante Sie das Maleisen aufsetzen müsssen, weiter vorne oder weiter hinten, um schwungvolle gebogene oder geradere Linien zu erhalten.
Durch seitliches Abgleiten entstehen breitere Linien, und Sie erhalten die Wirkung von Blättern. Probieren Sie es aus, damit Sie ein Gefühl dafür bekommen.
Üben Sie, lange und kurze Gräser in das Wachs zu ziehen. Probieren Sie eher gerade oder auch mal geschlängelte Linien aus.

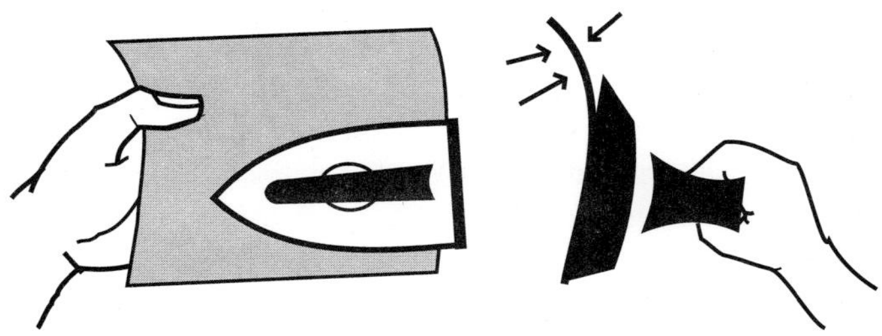

Bei allen Techniken mit dem Maleisen ist es wichtig, daß Sie es ganz leicht und locker in der Hand halten. Auch das Ziehen der Gräser machen Sie am besten ohne jeden Druck. Wenn nicht genügend Wachs auf der Malkarte ist, um einen schönen Graseffekt zu erhalten, tragen Sie einfach (wenig!) neue Wachsfarbe direkt auf die Maleisenkante auf.

4. Der Vogeleffekt – Punkte und feine Striche

Für den letzten Grundeffekt benutzen Sie die Spitze des Maleisens, um feinste Details zur Vollendung Ihres kleinen Kunstwerkes zu erhalten.

Tip: Damit keine Wachsreste, die sich an den Kanten des Maleisens gesammelt haben, jetzt zur Spitze laufen und dicke Kleckse verursachen, klemmen Sie einen Streifen Tissue-Papier in die Maleisenspitze.

Das Maleisen ist bei dieser Technik einfacher und kontrollierter zu handhaben, wenn Sie es von vorne halten.

Nehmen Sie einen Wachsstift in die linke Hand, das Eisen halten Sie rechts. Stützen Sie die rechte Hand ab, indem Sie sie mit der Handkante auf die Tischplatte auflegen (Linkshänder machen natürlich alles andersherum). Stupsen Sie die Spitze direkt in den Wachsstift und nehmen Sie eine kleine Menge Wachs auf.

Den Vogeleffekt erhalten Sie dadurch, daß Sie die wachsbedeckte Spitze des Maleisens auf die Malkarte aufsetzen und mit einem leichten Ruck nach rechts wegziehen. Setzen Sie an derselben Stelle erneut an, und ziehen Sie das Maleisen mit kurzem Ruck nach links.

Die Vögel werden mit der Zeit immer schwungvoller. Sie können die „Flügel“ mehr gerade oder mit einem kleinen Bogen malen.
Üben Sie größere Vögel mit etwas mehr Wachs und kleine mit ganz wenig Wachs auf der Maleisenspitze.
Üben Sie Punkte, Striche, Kreise und was Ihnen sonst noch einfällt.

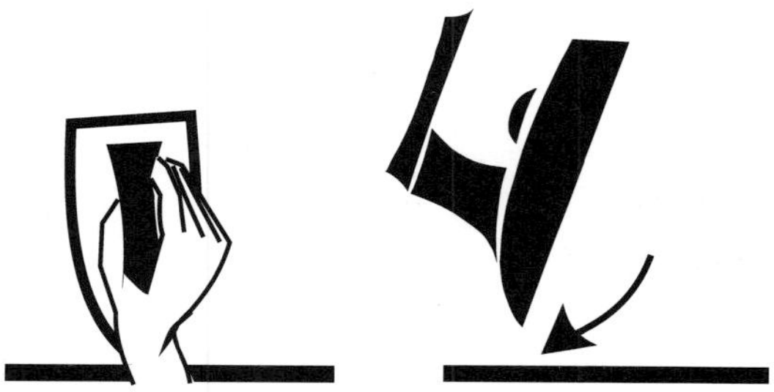

Tip:
Mit der Spitze des Maleisens können Sie wunderbar Blumen in die Landschaft setzen. Entweder Sie setzen bunte Tröpfchen direkt in die Vegetation, oder Sie suchen sich Grashalme aus, die Sie mit Blüten behängen.

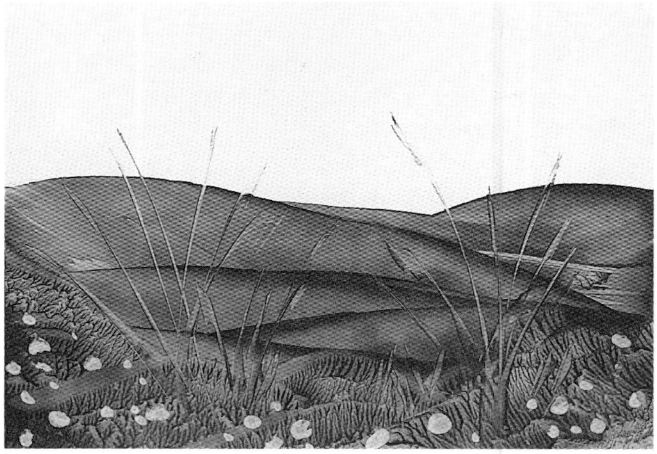

Fingerhütchen:
Nehmen Sie Wachsfarbe mit der Spitze des Maleisens auf und hängen Sie dann jeden Wachstropfen einzeln an einen Grashalm. Beginnen Sie am unteren Ende des Halmes und werden Sie nach oben hin mit Ihren Tröpfchen immer kleiner.

Seien Sie mutig, es brauchen keine akkuraten Tröpfchen zu sein. Oft sieht das Bild lebendiger und natürlicher aus, wenn man es nicht allzu genau nimmt.

Aufbau einer Landschaft in einer Farbe

Sie haben jetzt alle Grundtechniken gelernt, um mit dem Maleisen eine Landschaft zu malen.

Sie werden im Folgenden diese vier Effekte kombinieren:
1. Hügeleffekt (Wischeffekt)
2. Saugeffekt
3. Graseffekt
4. Effekte mit der Maleisenspitze

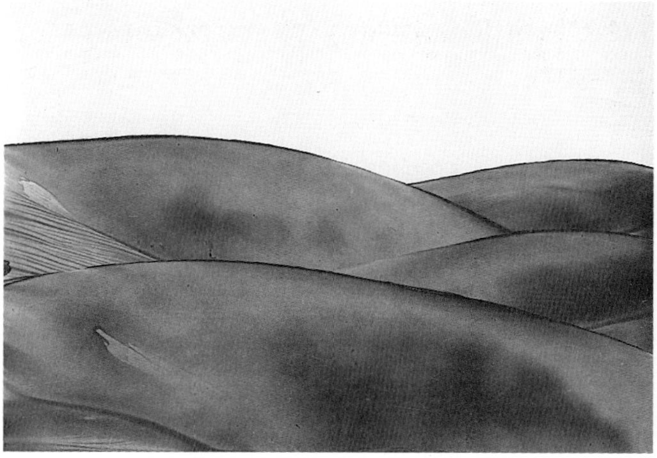

Legen Sie eine Malkarte vor sich hin und schmelzen Sie eine im Farbton kräftige Wachsfarbe auf die Maleisenfläche.

Wichtig ist, daß Sie die Farbe an der richtigen Stelle aufschmelzen, deshalb orientieren Sie sich bitte an der Skizze.

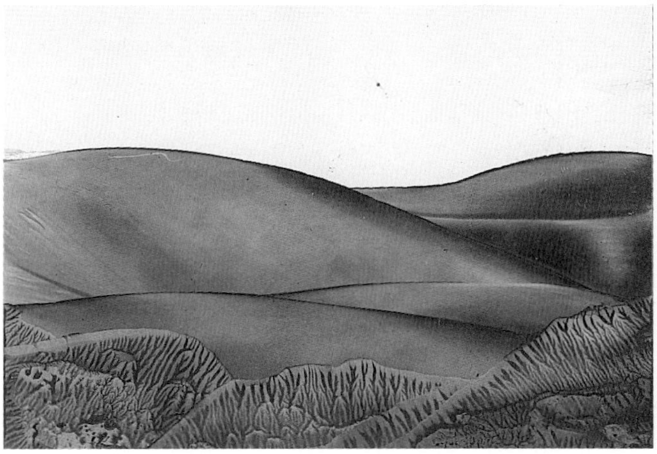

Die Hügelkette:
Gleiten Sie mit dem Maleisen in der gelernten, sanft geschwungenen, wedelnden Bewegung über die Malkarte.

Die Vegetation:
Setzen Sie das Maleisen auf die gerade trocken gewordene, untere Hälfte Ihrer Hügelkette und kippen Sie es zu sich her. Das Maleisen sollten Sie parallel zum unteren Kartenrand aufsetzen. Der entstandene Saugeffekt vermittelt den Eindruck einer Wiese mit kleinen Büschen.

Tip:
Da sich die Kante des Eisens auf diese Weise abbildet, setzen Sie das Eisen z.B. so auf, daß die Kante mit einer Hügelkette zusammenfällt.
Probieren Sie mehrere Möglichkeiten, um mit dem Saugeffekt die Vegetation zu gestalten.

Gräser:
Fahren Sie mit der Kante des Maleisens durch die Hügel, und Sie erhalten Linien, die wie Gräser wirken. Ziehen Sie kurze oder lange Gräser. Viele kurze Gräser auf einer Stelle ergeben einen Strauch. Es sieht schön aus, wenn Sie die Gräser bis in den Himmel ziehen. Sie sollten sich auch überlegen, wo Sie mit den Gräsern ansetzen, z.B. auf einer Hügelkante oder im Saugeffekt des Vordergrundes.

Tip:
Gefällt Ihnen Ihr Grasansatz nicht, gehen Sie noch einmal mit dem Saugeffekt darüber.

Tupfen Sie schließlich Blumen in die Vegetation. Benutzen Sie hierfür die Eisenspitze.

Jedes Encaustic-Bild wird zum Schluß sanft poliert.

Eine Landschaft mit zwei und mehr Farben

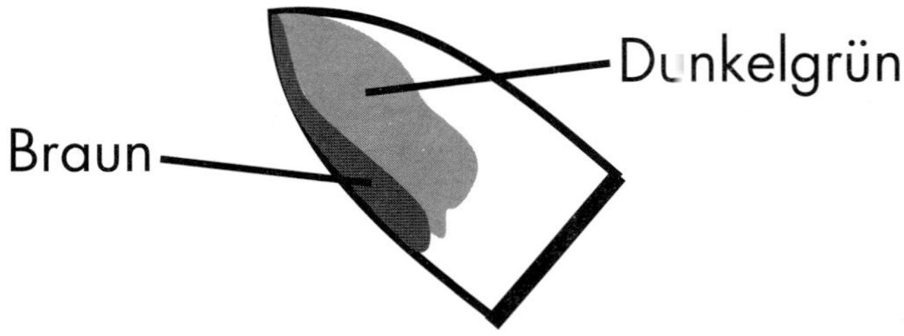

Sie werden im nächsten Schritt die vier Grundeffekte wieder kombiniert anwenden und mit zusätzlichen Farben arbeiten.

Beginnen Sie wieder mit dem Hügeleffekt. Schmelzen Sie grüne Wachsfarbe auf den richtigen Bereich der Maleisenfläche, und mit Rotbraun oder Ockergelb einen schmalen Streifen am äußeren Rand.

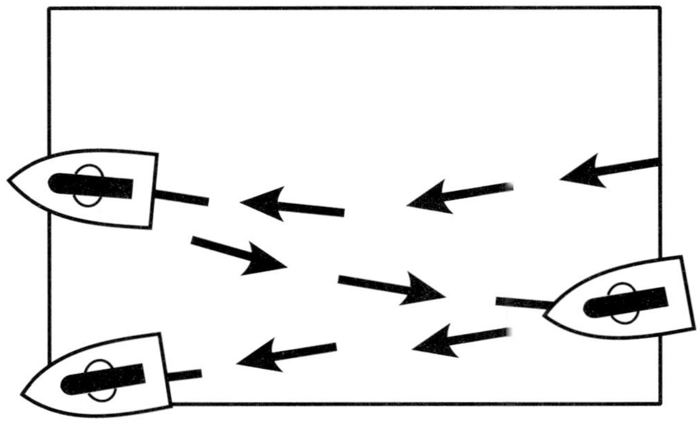

Beginnen Sie am rechten oberen Rand Ihrer Malkarte und gleiten Sie mit dem Maleisen leicht über den linken Kartenrand hinaus. Gleiten Sie rückwärts zurück und vollenden Sie Ihre Hügelkette mit der schon gelernten sanft geschwungenen Zickzacklinie.
Beobachten Sie, wie sich die Farben mischen, und wie dadurch noch mehr Tiefe und Plastizität entsteht.

Um eine lebhafte Vegetation zu erhalten, benutzen Sie jetzt den Saugeffekt. Setzen Sie das Maleisen auf die untere Hälfte der frischen Wachsfläche auf, parallel zum Kartenrand, und kippen Sie es zu sich her. Verteilen Sie jetzt zusätzlich 2 Wachsfarben (z.B. Gelb und Blau oder einen anderen Grünton) in Tupfen auf der Maleisenfläche. Setzen Sie das Eisen erneut in die Vegetation oder nehmen Sie die Karte in die Hand und tupfen Sie die zusätzlichen Farben auf, ohne daß sich die Maleisenkante abbildet.
Fahren Sie jetzt mit der Kante durch die Vegetation, ruhig über die Hügelkette hinaus, auf diese Weise erhalten Sie Gräser und Sträucher.

Polieren Sie Ihre fertigen Bilder sanft mit einem weichen Lappen.

Tip: Probieren Sie jetzt einmal zusätzlich, zu einem braunen, am Rand aufgetragenen Streifen noch einen gelben und weißen Streifen danebenzusetzen. Setzen Sie in Ihren grünen Farbauftrag noch blaue Tupfer und ein paar braune und weiße Linien. Experimentieren Sie mit Farbe!

So gestalten Sie Steine:
Setzen Sie das Maleisen nur mit dem vorderen Teil der Malfläche in die Vegetation und schieben Sie es mit einem kleinen Bogen nach oben ein Stück nach rechts. Sie erhalten eine hellere Fläche, die wie ein Stein wirkt. Tupfen Sie mit dem Saugeffekt etwas Wachsfarbe über den Steinansatz. Sie betten ihn auf diese Weise harmonisch in die Landschaft ein. Schmelzen Sie eine ganz schmale schwarze Linie an der linken Seite der Maleisenspitze und bedecken Sie den Rest der Spitze dünn mit Weiß. Setzen Sie das Eisen erneut auf die Malkarte und führen Sie die kleine Bewegung für den Stein aus. Jetzt ist noch mehr Plastizität entstanden.

Tip: Mit diesem Effekt können Sie sogar eine Gebirgslandschaft kreieren. Große Steine sind Berge!

Der Himmel

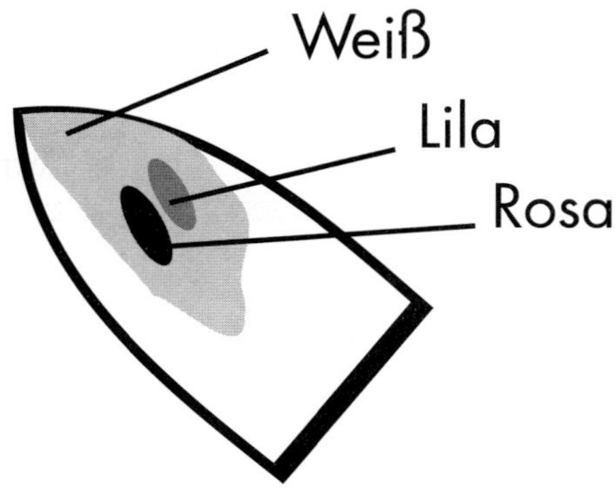

Reinigen Sie jetzt Ihr Maleisen besonders gründlich mit Klarwachs, denn für den Himmel benötigen Sie die Farbe Weiß.

Legen Sie eine Malkarte hochkant vor sich hin.
Schmelzen Sie weißes Wachs auf die Maleisenfläche, und fügen Sie einen Klecks Rosa und Blau hinzu. Beachten Sie bitte, daß Sie für den Himmel die andere Seite der Maleisenfläche benutzen, nicht dieselbe wie bei der Landschaft! Orientieren Sie sich an der Skizze, aber bedecken Sie anfangs ruhig einen größeren Bereich der Eisenfläche mit Wachs, es ist einfacher!
Gleiten Sie jetzt mit dem Eisen ohne Druck auszuüben ganz ruhig über die Außenkante der Malkarte. Gleiten Sie dann nochmals von Ihrer Ausgangsposition über den entstandenen Himmel, wenn Ihnen der Farbverlauf noch nicht gefällt. Je öfter Sie über den Farbverlauf gleiten, desto zarter wird Ihr Himmel.Wenn Sie einige Male gestrichen haben, ist eventuell kein Wachs mehr auf der Karte. In diesem Fall tragen Sie erneut Wachs auf und verstreichen es in gleicher Weise.

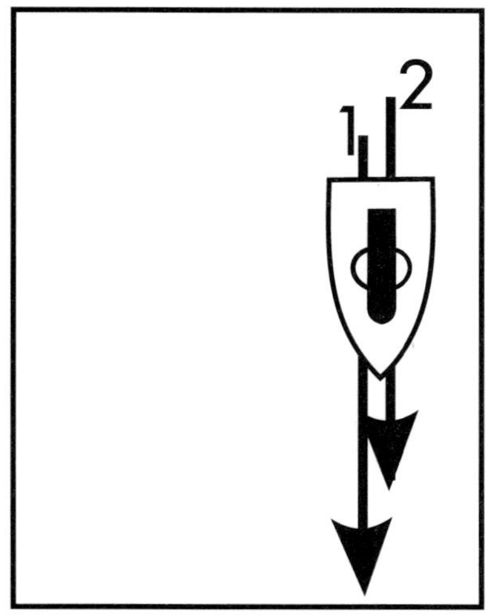

Fügen Sie eine Hügelkette hinzu, Vegetation, Gräser, Steine, Blumen und Vögel.

Tip:
Heben Sie das Maleisen beim Verstreichen etwas an, erhält der Himmel mehr Struktur und bekommt ein bewölktes Aussehen.

Tip:
Sie können Encaustic-Himmel in vielen verschiedenen Farben gestalten. Probieren Sie doch einmal aus, wie ein Himmel wirkt, der im Weiß ein paar Linien Rotviolett, ein paar Kleckse Hellblau und am Horizont ein wenig Gelb enthält.

Wenn ich einen Himmel gestalte, trage ich die Wachsfarben immer so auf, daß der Himmel dort, wo er später die Hügelkette berührt (am Horizont), am hellsten ist und nach oben kräftiger in den Farben wird.

Gestalten Sie auch einmal einen Himmel ohne Weiß, wo z.B. am Horizont Gelb in Orange übergeht und dann in kräftigem Ultramarinblau mit ein paar Linien Violett und Schwarz endet. In diesem Fall nehmen Sie für Ihre Hügelkette Ultramarinblau mit einigen Klecksen Violett und Schwarz und tragen an der Eisenkante Gelb und daneben einen Streifen Orange auf.

Tip:
Die Farben des Himmels sollten Sie immer auch in Ihre Hügelkette mit aufnehmen.

Und zum Schluß polieren Sie Ihr fertiges Encaustic-Bild. Reiben Sie immer von der hellen zur dunklen Fläche.

Das Wasser

Ein leicht bewegtes Meer erhalten Sie, indem Sie unterhalb des Himmels in Wellenlinien über die Malkarte gleiten.

Führen Sie das Maleisen von rechts nach links und rückwärts von links nach rechts über das Blatt, bis sich fast kein Wachs mehr auf der Maleisenfläche befindet und ein reizvoller, streifiger Effekt entsteht.

Tip:
Um ein Meerbild zu gestalten, malen Sie einen Himmel, wie Sie es eben gelernt haben. Jetzt tragen Sie nochmals Himmelsfarben und zusätzlich noch mehr Blau oder Grünblau auf die Maleisenfläche auf, und verstreichen sie in der Art und Weise, wie Sie es für eine Hügelkette machen würden, nur gleiten Sie immer wieder über die Malkarte, bis das Wachs Streifen zieht. Je streifiger das Wachs und je ausholender Ihre Wellenbewegung, desto wilder wird der Wellengang auf Ihrem Bild. Reißen Sie das Eisen mitten in einer Bewegung abrupt hoch, es entsteht der Eindruck von aufschäumender Gischt.

Malen Sie Vögel (Möwen) mit der Spitze des Eisens. Eine große Möwe im Vordergrund und kleiner werdende zum Horizont.

Abstrakte Arbeiten

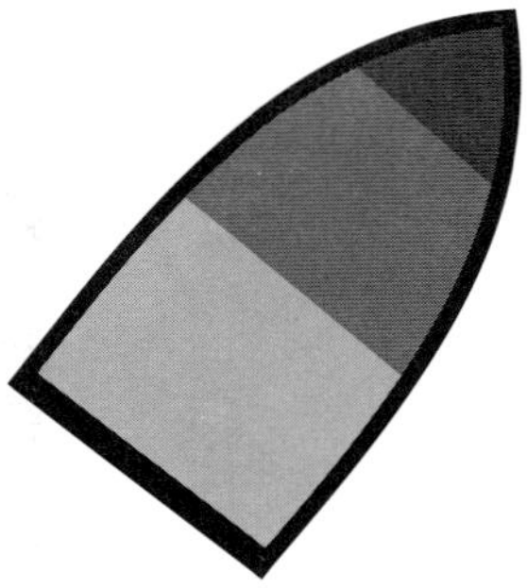

Schmelzen Sie Lila, Blaugrün und Blau oder 3 andere Farben Ihrer Wahl in breiten Streifen quer oder längs auf die gesamte Maleisenfläche. Nun wird das Wachs in einem Zug über die Malkarte verstrichen. Bleiben Sie in den Farbbahnen und streichen Sie nochmals von Ihrer Ausgangsposition über die Malkarte, bis Ihnen der Farbverlauf gefällt.

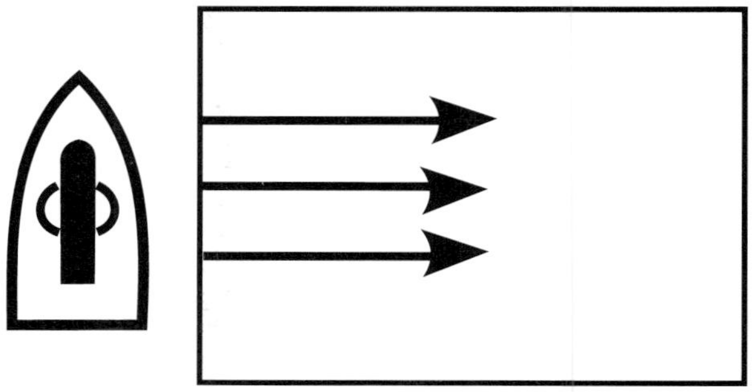

Anschließend setzen Sie das Maleisen auf und ziehen es langsam wieder von der Malkarte herunter, dabei machen Sie jeden Zentimeter einen kleinen Stop. Es ist ein schöner Effekt entstanden, der an Blätter erinnert.

Setzen Sie das Eisen wieder auf und bewegen Sie es ein wenig nach links und rechts, dabei ziehen Sie es langsam über die Malkarte. Die Spitze des Eisens beschreibt eine Wellenlinie. Wieder ist ein schöner Effekt entstanden.

Tragen Sie neue Wachsfarben auf, und schauen Sie, wie diese beiden abstrakten Effekte nun herauskommen. Benutzen Sie den Saugeffekt, fahren Sie mit der Außenkante des Maleisens durch die Wachsfläche, lassen Sie Strukturen und Zufallseffekte entstehen.

Es gibt unendlich viele Möglichkeiten.

Setzen Sie nun das Schabewerkzeug ein und schaben Sie Konturen frei, ziehen Sie vorhandene Umrisse nach, zeichnen Sie Wege, Zäune, Vögel, Sterne, Gesichter... ein. Abgeschabte Wachspartikel wischen Sie vorsichtig mit einem weichen Papiertuch fort.

Tip:
Drehen Sie doch einmal das Eisen ganz langsam auf der Stelle, wenn Sie die Farben, wie oben beschrieben, aufgetragen haben.

Tip:
So erhalten Sie einen schönen Muscheleffekt: Tragen Sie z.B. Weiß, Silber und Lila in Längsstreifen auf das Maleisen auf. Bedecken Sie die ganze Malfläche. Setzen Sie das Eisen auf die Malkarte, und drehen Sie es langsam nach rechts, wobei Sie jeden Zentimeter kurz in der Bewegung innehalten. Kinder mögen diesen Effekt besonders gerne und werden darin schnell kleine Meister.

Tip:
Rahmen Sie größere Encaustic-Bilder (DIN A5-A2) mit einem Schrägschnitt-Passepartout ein. Vorsicht beim Rahmen hinter Glas: nie direkt auf die Wachsfläche rahmen! Schützen Sie Ihr Encaustic Painting vor direkter Sonnenbestrahlung.

Auch die Mini-Lampions sind kinderleicht herzustellen: 2 Kartonstreifen abmessen, so daß sie um ein Teelicht herumpassen, 1cm für die Naht dazugeben.

Ein Stück Pergamentpapier mit demselben Umfang bemalen, oben und unten je einen Kartonstreifen aufkleben, zu einer Rolle formen und die Naht schließen. Jetzt nur noch ein Teelicht hineinsetzen.

Die Motive der Kinderkronen wurden auf einer Malkarte (A3) vorgezeichnet, ausgeschnitten und dann von Christian bemalt. Dann wurden sie nur noch an beiden Enden mit einem Loch versehen, durch das ein Gummiband hindurchgezogen wurde. Solche Kronen sind ein herrlicher Spaß für Kinder, nicht nur zum Geburtstag!

Encaustic mit Kindern

In ihrer Unbefangenheit erlangen Kinder sehr schnell Zugang zum Encaustic Painting. Sie werden staunen, was so ein Knirps von 6 Jahren mit dem Maleisen alles zustande bringt!

Wie stolz präsentieren uns die Kleinen ihre selbstgeschaffenen Kunstwerke! Das Selbstvertrauen der Kinder wird gestärkt, Kreativität und Fantasie werden optimal gefördert.
Unser Geburtstagskind Christian meint: „Ich kann so tolle Muscheln malen, da bin ich richtig Meister drin.“
Die Kinder sind von den schönen, leuchtenden Farben und den tollen Maleiseneffekten begeistert.
Geben Sie kleinen Kindern jedoch maximal 3 Farben, denn zu viele Farbtöne vermischen sich oft zu einem schmutzigen Braunton. Sorgen Sie dafür, daß die Kinder eine Schürze oder ein Malhemd tragen, und decken Sie vorsichtshalber den Fußboden mit Papier ab.
Die Maleisenfläche ist recht heiß, die Kinder sollten wissen, wie sie das Eisen korrekt abstellen, und die kleinen Finger von der Maleisenfläche lassen. Kleine Kinder sollten nur unter Aufsicht malen!

Abstrakte Motive

Schmelzen Sie Lila, Blaugrün und Blau oder 3 andere Farben Ihrer Wahl in breiten Streifen quer oder längs auf die gesamte Maleisenfläche auf. Nun wird das Wachs in einem Zug über die Malkarte verstrichen. Bleiben Sie in den Farbbahnen und streichen Sie hin und zurück, bis Ihnen der Farbverlauf gefällt. Anschließend setzen Sie das Maleisen in rhythmischen Bewegungen auf, tanzen Sie mit dem Eisen, fahren Sie wie beim Schlittschuhlaufen mit der Außenkante durchs Wachs, lassen Sie Strukturen und Zufallseffekte entstehen. Es gibt unendlich viele Möglichkeiten. Entwickeln Sie andere Farbverläufe oder drehen Sie doch einmal das Eisen ganz langsam auf der Stelle, wenn Sie die Farben, wie oben beschrieben, aufgetragen haben.
Setzen Sie das Schabewerkzeug ein und schaben Sie damit Konturen frei, ziehen Sie vorhandene Umrisse nach, zeichnen Sie Wege, Zäune, Vögel, Sterne, Gesichter... ein.

It's Party Time!

Überraschen Sie Ihre Gäste mit einem tollen, selbstgestalteten Sommertablett für Cocktails und andere kalte Getränke.

Um Ihr Gemälde zu schützen, lassen Sie sich vom Glaser für ein paar Mark eine Glasplatte für das Tablett und runde Plättchen für die Untersetzer paßgenau zurechtschneiden.

Die Heißlufttechnik

Zauberhafte Encaustic-Lampions tauchen den Raum in sanftes, farbiges Licht, in dem es sich wunderbar entspannen und träumen läßt.

Das Encaustic-Heißluftgerät können Sie wunderbar zum freien Gestalten verwenden: stellen Sie einen dramatischen Himmel oder ein sturmgepeitschtes Meer dar. Diese Methode ist besonders für größere Bilder (ab DIN A4) geeignet. Ich möchte Ihnen die Technik an Hand der Herstellung eines Lampions darstellen.

Besorgen Sie sich leere Käseschachteln. Messen Sie den Umfang aus und schneiden Sie sich ein Stück relativ festes Pergamentpapier (Zeichenbedarf) zurecht, das einmal um die Schachtel herumpaßt. Geben Sie etwa 1 cm für die spätere Naht dazu. Legen Sie das Pergament auf einen größeren Karton und kleben Sie es an den Seiten leicht mit Klebestreifen fest. Tragen Sie mit dem Maleisen eine gute Menge Klarwachs auf das gesamte Pergament auf. Jetzt schmelzen Sie einige Wachsfarben, z.B. Weiß, Blau und Grün, an der senkrecht gehaltenen Maleisenfläche (Eisen auf Stufe 3 einstellen) und lassen diese auf das Pergament träufeln. Nehmen Sie den Karton mit dem Pergament in die Hand, stellen Sie das Heißluftgerät auf die höchste Stufe ein und bewegen Sie es ständig im Abstand von 15-20 cm vor dem Pergament hin und her. Die Fließrichtung des Wachses können Sie durch Kippen und Bewegen des Kartons beeinflussen.
Achtung! Das Gerät entwickelt hohe Temperaturen. Blasen Sie nicht ständig auf einen Punkt und gehen Sie mit dem Gerät nicht zu nahe an das Pergament, sonst beginnt es eventuell zu brennen!

Wenn Ihnen der erzielte Effekt gefällt, schalten Sie das Gerät aus und legen es (bitte immer!) auf eine feuerfeste Unterlage.

Anleitung siehe Vorlagenbogen

Das völlig erkaltete Pergament aufpolieren (es glänzt toll!) und um die Bodenhälfte der Käseschachtel herumkleben. Den Deckel der Schachtel als Randverstärkung oben am Lampion einkleben, vorher ein Loch freischneiden. Jetzt erst die Naht schließen. Setzen Sie ein Teelicht in Ihren Lampion und genießen Sie das Farbenspiel.

Die hochmoderne Lampe im Art-Deco-Stil ist aus Pappe!
Sie können sich die aus dem Vorlagenbogen ausgeschnittene Form im Copy-Shop gleich auf die Rückseite des mitgebrachten weißen Kartons kopieren lassen. Die bunten Leuchtfenster stellen Sie mit der Heißlufttechnik auf Pergament her.

Encaustic-Osterschmuck

Diesen Osterstrauß möchte man am liebsten das ganze Jahr über stehen lassen!

Ostereier

Pusten Sie einige Eier aus: säubern Sie das Ei, und bohren Sie vorsichtig oben ein etwas größeres und unten ein ganz kleines Loch hinein. Jetzt pusten Sie vorsichtig in das kleine Loch, bis der Inhalt durch die größere Öffnung herausgekommen ist.

Wickeln Sie einen dünnen Draht um ein Streichholz (das Zündköpfchen abbrechen) und stecken Sie dieses in das Ei. Dazu stecken Sie noch eine dünne Stricknadel hinein. Träufeln Sie Wachsfarben rund um das obere Loch des Eies. Nehmen Sie Draht und Stricknadel zusammen in die Hand, so können Sie das Ei in alle Richtungen bewegen, ohne es zu berühren.

Schalten Sie das Encaustic-Heißluftgerät ein und richten Sie den Luftstrom von oben auf das Ei. Die Wachsfarben schmelzen und laufen nach unten – es entstehen wunderschöne Farbeffekte! Drehen und wenden Sie das Ei und beobachten Sie, wie sich die Effekte ändern. Nehmen Sie anfangs nicht zuviel Wachsfarbe, sondern tropfen Sie lieber erneut etwas auf, wenn es nötig sein sollte. Überschüssiges Wachs lassen Sie einfach ablaufen oder in dicken Tropfen auf dem Ei erstarren, auch das kann sehr reizvoll aussehen.

Sie können das fertige Ei an dem schon befestigten Draht gleich aufhängen oder ihn gegen ein buntes Band austauschen.

Glaskugeln

Aus schlichten Glaskugeln können Sie traumhaft schöne Fantasie-Encaustic-Kugeln kreieren. Einfache Glaskugeln gibt es im Hobbygeschäft zu kaufen (Tip: Sie können auch alten Christbaumschmuck verwenden). Bevor Sie eine große Kugel gestalten, sollten Sie schon etwas Gefühl für diese Technik entwickelt haben – fangen Sie mit Ostereiern an!

Befestigen Sie einen Draht an der Öse der Kugel. Verteilen Sie Wachsfarben auf der oberen Hälfte. Halten Sie die Kugel am Draht und verblasen Sie die Farben. Diesen Vorgang werden Sie bei einer großen Kugel öfter wiederholen müssen, bis diese gänzlich mit Wachs überzogen ist. Dekorieren Sie Ihre Kugel, wenn Sie möchten, mit Blumen, Gräsern, Schleifen... und vergessen Sie das Polieren nicht!

Encaustic-Spanschachteln

Encaustic-Schachteln sehen sehr edel aus und sind richtige Schmuckstücke! Wer würde sich nicht über so eine farbenprächtige, selbstgestaltete Schachtel freuen?

Unbearbeitete Spanschachteln sind in vielen Größen und Formen im Fachhandel erhältlich. Schneiden Sie einfach eines Ihrer schönen Encaustic-Bilder rund aus und kleben Sie es auf den Deckel. Sie können auch mit der Heißlufttechnik eine wunderschöne Schachtel herstellen.

Schmirgeln Sie mit feinem Sandpapier grobe Unebenheiten glatt und tragen Sie mit dem Maleisen eine Schicht Klarwachs auf den Deckel der Schachtel auf.

Decken Sie Ihren Arbeitsplatz gut mit Papier ab, bei der jetzt anstehenden Arbeit kann es tropfen! Gehen Sie wie bei der Heißlufttechnik beschrieben vor, und träufeln Sie verschiedene Wachsfarben auf den Deckel. Nehmen Sie ihn dann in die Hand und bewegen Sie ihn im Heißluftstrom hin und her, bis die Farben gänzlich verlaufen sind. Überschüssiges Wachs lassen Sie einfach abtropfen.

Wenn Ihnen der Deckel gefällt, legen Sie ihn zum Auskühlen zur Seite, und gestalten auf dieselbe Art und Weise die untere Hälfte Ihrer Schachtel.

Es dürfen keine zu dicken Wachsstellen entstehen, sonst paßt der Deckel später nicht mehr auf die Dose! Plätten Sie zu dicke Wachstropfen ein wenig, indem Sie einmal kurz das Maleisen aufsetzen. Abschließend bearbeiten Sie die Deckelkante, indem Sie die Wachsfarbe mit dem Maleisen auftupfen und dann mit Heißluft verblasen. Die fertige, ganz abgekühlte Schachtel sanft polieren.

Es sieht auch edel aus, wenn Sie die untere Hälfte der Spanschachtel in einem passenden Farbton lackieren.

Encaustic-Mobile

Haben Sie schon einmal erlebt, wie Kinderaugen beim Anblick eines Mobiles groß und rund werden? Ein leichter Hauch genügt, und schon tanzen Delphine mit Muscheln und Fröschen einen faszinierenden Reigen.

Kopieren oder pausen Sie vom Vorlagenbogen z.B. einen Delphin ab und legen Sie ihn auf eine in der Mitte gefaltete Malkarte. Die obere Flosse des Delphins muß den Kartenfalz berühren. Zeichnen Sie die Kontur mit einem Bleistift nach und schneiden Sie ihn sorgfältig aus. Da Sie die Malkarte vorher gefaltet haben, erhalten Sie in einem Arbeitsgang Vorder- und Rückseite des Delphins, die an der oberen Flosse miteinander verbunden sind. Klappen Sie die Figur jetzt auf und gestalten Sie Ihren Delphin, indem Sie beispielsweise drei Wachsfarben in dicken Streifen quer auf Ihr Maleisen schmelzen und mit dem Eisen langsam über die Form gleiten. Sie erhalten einen schönen Farbverlauf, dem Sie, wenn Sie möchten, mit dem Saugeffekt Strukturen verleihen können. Sie brauchen dann nur noch einen Faden mit einer Nadel durch die Verbindungsstelle zu ziehen. Lassen Sie ein gutes Stück Faden zwischen den Delphinhälften, tragen Sie Kleber auf und klappen Sie die Hälften paßgenau zusammen. Polieren Sie Ihren fertigen Encaustic-Delphin.
Wenn Sie genügend Figuren für das Mobile hergestellt haben, schneiden Sie aus 1,5 mm dickem Draht die Aufhängebügel zurecht. Die Aufhängung selber funktioniert nach dem Hebelgesetz.
Ein Anleitungsdiagramm finden Sie auf dem Vorlagenbogen.

So erhalten Sie einen Muscheleffekt:
Tragen Sie z.B. Weiß, Silber und Lila in Längsstreifen auf das Maleisen auf. Bedecken Sie die ganze Malfläche. Setzen Sie das Eisen auf die Malkarte und drehen Sie es langsam nach rechts, wobei Sie nach jedem Zentimeter kurz in der Bewegung innehalten. Einen gelungenen Muscheleffekt sehen Sie in der Abbildung unten.

Die fortgeschrittene Encaustic-Malerei – Tips und Werkzeug

Auch für die fortgeschrittenen Künstler und Profis unter Ihnen stellt das Encaustic Wachs ein hervorragendes Malmedium dar.

Mit dem Encaustic Pen, einem beheizten Zeichengerät mit auswechselbaren Spitzen (Zeichenspitze und Heißpinsel), stehen Ihnen alle Möglichkeiten eines herkömmlichen Malmediums zur Verfügung. Die Zeichenspitze erlaubt das Zeichnen sehr feiner Linien mit ausdauerndem Strich.

Der Heißpinsel ist aus reinem Elektrolyt-Kupfer gearbeitet und gewährleistet eine optimale Wärmeleitung. Die relativ weichen Borsten können Sie unterteilen, so daß mit diesem Pinsel gleich mehrere Pinselstärken von ganz fein bis stark zur Verfügung stehen und Ihnen wunderbare malerische Effekte gelingen.

Ein weiterer erhältlicher Pinselaufsatz besteht aus einer Messinglegierung, deren Eigenschaft darin besteht, daß sie nicht so stark aufheizt. Die Wachsfarben bleiben kälter und erlauben ein Aufmodellieren in Schichten, ein pastoses Auftragen: die Bilder erhalten eine enorme Tiefenwirkung und Plastizität. Ob Sie graphisch arbeiten oder malen, gegenständlich arbeiten oder abstrakte Kunstwerke entstehen lassen, es sind Ihnen keine Grenzen gesetzt. Lassen Sie sich von diesem neuen, alten Malmedium in bisher unbekannte Bereiche Ihrer Kreativität entführen!

Nach langer erfolgloser Suche nach geeigneten Encaustic-Werkzeugen fand ich bei Hobbyring eine Vielfalt von Möglichkeiten. Dort entdeckte ich noch weiteres professionelles Zubehör.
Hobbyring ist zur Zeit die einzige mir bekannte Bezugsquelle für den fortgeschrittenen Encaustic-Künstler.

Das Mini-Maleisen:
Dieses kleinere Maleisen gibt es als Einsatz für den Encaustic-Mini (für Kinder gut geeignet!) und für den Encaustic-Junior, der im Gegensatz zum „Mini“, eine stufenlos in der Temperatur regelbare Station mit höherer Leistung für den professionellen Einsatz hat.

Elektrisch beheizte Encaustic-Malplatte DIN A4:
Mit dieser Heizplatte, die in der Temperatur stufenlos regelbar ist, kann der Malgrund erwärmt werden, und Sie haben die Möglichkeit, direkt mit den Wachsstiften oder mit dem herkömmlichen Malwerkzeug zu arbeiten.

Die Encaustic-Farbpalette:
Als Zubehör zur Encaustic-Malplatte gibt es kleine Töpfchen im Handel, mit deren Hilfe Sie eine Farbpalette herstellen können. Das Wachs behält in den Töpfchen auf der beheizten Malplatte eine konstante Temperatur. Es bleibt stets flüssig und ist auf diese Art und Weise optimal für herkömmliches Malwerkzeug, Haar-und Borstenpinsel geeignet.

Eine weitere wunderbare Idee sind die „Dufties“, mit Blumen- und Kräuterdüften angereicherte Encaustic-Wachsfarben. Bei der heißen Verarbeitung werden die Düfte frei und eröffnen eine zusätzliche sinnliche Dimension. Die Bilder verströmen noch lange einen angenehmen Duft.

Alles für das Encaustic Painting benötigte, in diesem Buch genannte Malzubehör einschließlich der speziellen Wachsfarben wird von der Firma Hobbyring hergestellt und vertrieben und ist im Hobbyfachhandel erhältlich.

Ich möchte mich an dieser Stelle recht herzlich bei dieser engagierten Firma bedanken, daß sie die faszinierende Farbenwelt der alten Encaustic neu erschlossen hat.

Beschreibung dieser Produkte vgl. Seite 30